Liebe Leserin, lieber Leser,

viele Menschen haben ein schlechtes Gewissen, wenn sie sich Ruhe und Auszeiten gönnen. Ich kenne Frauen und Männer, die auf einem Bauernhof aufgewachsen sind. Wenn sie sich als Kinder Ruhe gönnten, dann kam oft die Mutter und sagte: Habt ihr nichts zu tun? Es gibt hier so viel zu tun. Macht dies oder jenes. In manchen Bauernhöfen hatte man kein Gespür für Ruhe. Man sollte immer irgendwo anpacken und mit dazu beitragen, dass der Alltag reibungslos funktioniert. Menschen, die so aufgewachsen sind, fällt es auch später nicht leicht, die Ruhe zu genießen. Da ertönt in ihrem Inneren eine Stimme: »Was denken die anderen, wenn ich mir am helllichten Tag einen Spaziergang gönne? Die werden denken, dass ich nichts zu tun habe.«

Für manche käme es einer Verurteilung gleich, wenn jemand sagen würde: »Du scheinst gar nichts zu tun zu haben.« Um einer solchen Verurteilung zu entgehen, tun sie immer etwas, sind immer in Bewegung und erwecken so zumindest den Anschein, etwas Wichtiges erledigen zu müssen.

Viele sehnen sich danach, zu innerer Ruhe zu gelangen, frei zu werden von dem, was andere über sie denken. Die Frage ist, wie das geht. Mir selbst hat eine Stelle aus dem Evangelium geholfen. Jesus verheißt uns dort, dass er uns Ruhe verschaffen wird. Und er zeigt uns einen Weg, wie wir sie finden können:

> *Nehmt mein Joch auf euch und lernt von mir; denn ich bin sanftmütig und von Herzen demütig, so werdet ihr Ruhe finden für eure Seele. Denn mein Joch drückt nicht, und meine Last ist leicht.*
>
> MATTHÄUS 11,29f

Wir haben uns oft selbst ein Joch auferlegt, das uns drückt und unruhig macht. Es ist der ständige Druck, dem wir uns aussetzen. Wir meinen noch mehr leisten zu müssen, alles perfekt machen zu müssen, immer alles sofort erledigen zu müssen. Wir nehmen uns in die Pflicht, jeden Tag so und so viel zu laufen, dies oder jenes für unsere Gesundheit zu tun. Wir wollen uns selbst oder anderen Menschen ständig beweisen, dass wir alles richtig machen. Oder andere Menschen haben uns ihr Joch auferlegt, das uns die Ruhe raubt. Sie wollen immer mehr von uns. Sie haben Erwartungen, die wir nicht erfüllen können. Und doch setzen wir uns unter Druck, es zu schaffen. So kommen wir nie zur Ruhe. Das Joch, das Jesus uns auferlegt, ist leicht. Es drückt nicht. Es ist seine heilende und helfende Hand, die uns vermittelt: Ich nehme dich an, wie du bist. Du bist geschützt von Gott. Du stehst unter der Gnade Gottes. Gott will dich aufrichten, dich in die innere Freiheit führen.

Wer zur Ruhe gekommen ist, der wird sich nicht mehr von anderen antreiben lassen. Er wird aus der inneren Ruhe heraus das Tempo finden, das ihm guttut. Er gibt sich selbst das Tempo vor. Und in diesem Tempo arbeitet er meistens effektiver als die Menschen, die ständig Hektik um sich verbreiten. Hektik ist meist ziellos. Paulus spricht von Menschen, die viel Staub aufwirbeln, aber letztlich ziellos herumlaufen. Und er grenzt sich von ihnen ab:

> *Darum laufe ich nicht wie einer, der ziellos läuft, und kämpfe mit der Faust nicht wie einer, der in die Luft schlägt.*
>
> 1 KORINTHER 9,26

Viele laufen mit, aber sie laufen wie im Hamsterrad. Sie kommen nicht voran. Es geht immer im Kreis herum. Ich kann nur meinen Weg finden und auf ihm so laufen, dass ich ans Ziel komme, wenn ich auch den Mut habe, mich von den anderen Läufern zu distanzieren. Ich soll nicht einfach mit den anderen mitlaufen, wenn ich mich nicht vorher hingesetzt habe, um über das Ziel nachzudenken. Die Ruhe, in der ich über meinen Weg und mein Ziel nachdenke, macht mein Laufen effektiver.

Nein sagen

Viele Menschen tun sich schwer damit, Nein zu sagen. Sie haben Angst, dann nicht mehr so beliebt zu sein. Sie denken: Hauptsache, ich gehöre dazu. Ich laufe mit den anderen mit, auch wenn es völlig sinnlos ist. Sie haben Angst vor dem Alleinsein, Angst vor ihrer Verantwortung für sich selbst. Doch ohne Neinsagen werden wir nie unser Maß finden.

Wenn ich jede Bitte erfülle aus Angst, der andere könnte mich sonst ablehnen, dann lade ich mir immer mehr Arbeit auf. Und irgendwann geht mir das Maß verloren. Nein zu sagen bedeutet: Mut zu meiner Grenze zu haben. Dann achte ich auch die Grenze des anderen. Oft sind es Menschen, die sich selbst nicht abgrenzen können, die dann auch den anderen zu viel aufbürden. Es braucht den Mut, Nein zu sagen, um in unserer Arbeit, aber auch in unserem Engagement in der Freizeit das richtige Maß zu finden.

Wenn ich ständig über mein Maß hinaus Ja sage, sobald ich angefragt werde, werde ich irgendwann einmal bitter. Ich fühle mich ausgenutzt. Dann wächst Groll in mir. Und dieser Groll lähmt meine Kraft. Ich werde energielos. Und so entsteht ein Teufelskreis von Überforderung. Nein sagen ist nicht nur für mich heilsam, sondern auch für den, der mich um etwas bittet. Denn es gibt Menschen, die maßlose Wünsche an mich haben. Sie kennen keine Grenze.

Es ist meine Verantwortung, diesen Menschen die Grenze aufzuzeigen. Sonst würden sie immer noch mehr von mir wollen. Und gar nicht merken, dass sie ihr eigenes Maß überschritten haben.

Nein sagen bringt Klarheit in die Beziehungen. Wenn ich auf die Bitte eines anderen hin Nein sage, dann lehne ich ihn damit nicht ab. Ich traue ihm zu, dass er meine Grenze akzeptiert. Allerdings erlebe ich immer wieder auch Menschen, die meine Grenzen nicht achten. Auch wenn ich klar Nein sage, versuchen sie es immer wieder, mir ein schlechtes Gewissen zu machen oder mir die Wichtigkeit darzulegen, warum ich in diesem einen Fall doch noch Ja sagen sollte. Doch es ist dann meine Verantwortung, klar bei meinem Nein zu bleiben.

Sorge für sich selbst und Sorge für die anderen

Es gibt Menschen, die sich ganz für andere verausgaben, ohne auf die eigenen Bedürfnisse zu schauen. Das kann eine Zeit lang ganz gut gehen. Es macht mir Freude, für die anderen zu sorgen. Doch wenn ich die Sorge für mich selbst gänzlich vergesse, wird es sich rächen.

Ein dauerhaftes Ausklammern der eigenen Bedürfnisse führt allmählich zur Erschöpfung. Dann kommt mir nicht nur die Lust, anderen zu helfen, abhanden, sondern auch die Fähigkeit und Kraft, mich für andere einzusetzen. Die anderen machen mich aggressiv. Oder aber ich erlebe von denen, für die ich mich einsetze, Ablehnung. Sie spüren, dass ich sie mit meiner Zuwendung bedränge. Sie fühlen sich eingeengt. Dann rebellieren sie dagegen. Das enttäuscht mich. Ich habe ihnen doch so viel geschenkt. Und jetzt danken sie es mir so.

Wir brauchen immer eine gute Balance zwischen Nehmen und Geben. Es gibt ein Sprichwort, das lautet: »Wer viel gibt, der braucht auch viel.« Manchmal geben Menschen den anderen viel Zuwendung, weil sie selbst Zuwendung brauchen. Sie möchten beliebt sein bei denen, denen sie sich zuwenden. Sie möchten Anerkennung und Wertschätzung für sich selbst. Oft möchten sie auch bewundert werden für ihren selbstlosen Einsatz.

Doch wenn ich gebe, weil ich brauche, komme ich immer zu kurz. Nur wenn ich gebe, weil ich mir zuvor genommen habe und es nun in mir fließt, kann ich geben, ohne mich zu verausgaben. Wer nur gibt, der verausgabt sich. Wer wiederum nur nimmt, der verschluckt sich daran. Es braucht ein gutes Maß, eine gute Balance zwischen Nehmen und Geben, zwischen der Sorge für andere und der Sorge für sich selbst.

Eine Mutter erzählte mir, dass sie sich ganz für die Familie eingesetzt habe. Sie hat alles für ihre Kinder gegeben. Doch die sind nun aus dem Haus und gehen ihre eigenen Wege. Sie melden sich, so empfindet es zumindest die Mutter, zu wenig. Sie fühlt sich verletzt. Jetzt spürt sie, dass sie nicht nur aus Liebe gegeben hat. Sie wollte auch etwas dafür. Sie wollte, dass die Kinder dankbar sind. Sie hat auch gegeben, weil sie es selbst gebraucht hat. Sie hat für sich das Bild einer Mutter gebraucht, die ganz für die Familie da ist und daher von allen geliebt und gelobt wird.

Ein Mann hat sich ehrenamtlich sehr für einen Sportverein eingesetzt. Es hat ihm lange Zeit Spaß gemacht. Doch in letzter Zeit fühlt er sich ausgenutzt. Wenn bei einer Sitzung gefragt wird, wer das oder jenes erledigt, meldet sich keiner. Immer war er bereit gewesen, alle Aufgaben zu übernehmen. Doch jetzt spürt er Ärger und Enttäuschung. Keiner dankt ihm seinen Einsatz. Alle nehmen es für selbstverständlich. Niemand außer ihm engagiert sich wirklich.

Solange einem die Arbeit oder der Einsatz für andere Menschen Spaß macht, braucht man sich um das eigene Maß keine großen Sorgen zu machen. Doch sobald Gefühle wie Ärger, Ausgenutztwerden und Enttäuschung auftauchen, sollte man sie ernst nehmen. Sie zeigen, dass man sein eigenes Maß neu überdenken sollte.

Wenn man über sein Maß lebt, reagiert die Seele mit Unzufriedenheit oder auch mit Widerstand. Auf einmal hat man keine Lust mehr, in die Sitzungen des Vereins zu gehen. Man möchte sich nicht mehr für dieses oder jenes einsetzen. Der Widerstand muss immer angeschaut werden. Wenn er nicht beachtet wird, rächt er sich oft in seelischen oder körperlichen Reaktionen.

Der Widerstand lädt uns ein, entweder das Maß an Arbeit zu überprüfen oder aber unsere Einstellung zu verändern. Bisher war es für uns in Ordnung gewesen, für alles bereitzustehen. Jetzt spüren wir, dass diese Einstellung nicht mehr für uns passt. Um unser Maß zu finden, ist es daher notwendig, auf unsere Gefühle zu achten. Sie zeigen uns, ob wir im Einklang sind mit uns und unseren Möglichkeiten oder ob wir die innere Stimme, die uns auf unser Maß hinweist, überhört haben.

Maß für unsere Arbeit, Maß für unsere Kräfte

Viele Menschen leiden an einem Burn-out. Auch wenn es heute verbreitet ist, für sich selbst dieses Etikett in Anspruch zu nehmen, so ist doch das Ausgebranntsein in den meisten Fällen ein großes Problem. Oft hängt es mit maßloser Arbeit zusammen.

Wenn jemand mit Burn-out zu mir kommt, frage ich ihn also immer, warum er denn so maßlos gearbeitet hat. In aller Regel wird die Schuld dann auf die Firma oder den Firmenchef geschoben. Die hätten so große Ansprüche und Erwartungen und setzten einen ständig unter Druck.

Doch die maßlose Arbeit hat immer auch mit den maßlosen Ansprüchen an sich selbst zu tun: Man möchte den Eindruck erwecken, dass man unbegrenzt belastbar ist. Man möchte nach außen keine Schwächen zeigen. Man hat Angst, seine Grenzen zu akzeptieren und sie gegenüber anderen zu vertreten, sich ihnen gegenüber abzugrenzen.

Sobald man sich völlig auf die Erwartungen und Ansprüche, die von außen an einen herangetragen werden, einstellt, verliert man die eigene Mitte. Und wer die Mitte verloren hat, verliert auch sein Maß. Er wird manipulierbar. Er setzt sich selbst unter Druck. Doch damit schadet er sich. Wer dagegen in seiner eigenen Mitte ist, wird kreativ auf den Druck von außen antworten. Er lässt sich nicht auspressen.

Viele arbeiten maßlos, um ihren maßlosen Ansprüchen an sich selbst zu genügen. Wer Freude an seiner Arbeit hat, der arbeitet auch viel. Aber er kennt sein Maß. Er hört auf sein Gefühl. Solange er gern arbeitet, fühlt er sich nicht erschöpft. Erschöpfung entsteht dann, wenn wir aus trüben Quellen schöpfen, aus der Quelle des Perfektionismus etwa oder der Sucht, bei allen beliebt zu sein, alle Wünsche erfüllen zu wollen, immer fit zu erscheinen. Wer über eine lange Zeit bis an seine Grenze geht oder sie gar überspringt, dem wird sein Leib oder seine Seele irgendwann sehr deutlich diese Grenze aufzeigen und ihn durch eine Krankheit zwingen innezuhalten.

Ich persönlich halte gerne Vorträge. Manchmal fühle ich mich jedoch ausgenutzt. Dann wehrt sich in mir etwas. Und das ist dann immer ein Zeichen, dass ich Grenzen setzen soll. Mein Gefühl regelt das Maß meiner Arbeit. Wer gegen die Anweisungen der Firma ständig inneren Widerstand spürt, weil er sie für sinnlos hält und für maßlos, der hat die Verantwortung, seinen Gefühlen gemäß zu handeln. Er soll dann auch dem Chef gegenüber zum Ausdruck bringen, dass er die Erwartungen für maßlos hält. Vielleicht kann er im Gespräch erkennen, dass das Maß vorübergehend überschritten werden muss. Aber er darf hoffen, dass es irgendwann wieder eingehalten wird.

Es gibt eine schöne Mönchsgeschichte, die zeigt, dass wir auf Dauer nur dann gut arbeiten und unser Leben bewältigen, wenn wir das richtige Maß einhalten:

Da war einer, der in der Wüste nach wilden Tieren Jagd machte. Er sah, wie der Altvater Antonios mit den Brüdern Kurzweil trieb, und er nahm Ärgernis daran. Da nun der Greis ihm klarmachen wollte, dass man sich zuweilen zu den Brüdern herablassen müsse, sprach er zu ihm: »Lege einen Pfeil auf den Bogen und spanne!« Er machte es so. Da sagte er zu ihm: »Spanne noch mehr!«, und er spannte. Abermals forderte er ihn auf: »Spanne!« Da antwortete ihm der Jäger: »Wenn ich über das Maß spanne, dann bricht der Bogen.« Da belehrte ihn der Greis: »So ist es auch mit dem Werk Gottes. Wenn wir die Brüder übers Maß anstrengen, versagen sie schnell. Man muss also den Brüdern ab und zu entgegenkommen.« Als der Jäger das hörte, ging er in sich, und mit großem Gewinn schied er von dem Altvater. Die Brüder aber kehrten gefestigt an ihren Ort zurück.

ANTONIOS 13

Wir können nur dann arbeiten, ohne erschöpft zu werden, wenn wir unseren Bogen nicht überspannen.

Gegenwärtig sein

Die Weisheit der Regel Benedikts besteht darin, dass er das Leben der Mönche so ordnet, dass alles seine Zeit hat: die Arbeit, das Gebet, das Wachen und das Schlafen, das Lesen und das Meditieren und die Zeit, um gemeinsam Mahl zu halten.

Heute gibt es viele Kurse über Zeitmanagement. Aber die Gefahr ist, dass wir dann noch mehr in unsere Zeit hineinstopfen und noch maßloser mit ihr umgehen. Ich habe den Eindruck, dass manche, die ein gutes Zeitmanagement anstreben, die Zeit als Gegner sehen, den sie besiegen müssen. Mir geht es darum, die Zeit als Freund zu sehen. Es geht mir um Achtsamkeit im Umgang mit der Zeit.

Die Griechen kennen zwei Wörter für Zeit: *chronos* und *kairos*. *Chronos* war der Urgott, der seine Kinder aufgefressen hat. Und so ist auch *chronos* die Zeit, die uns auffrisst: die hektische Zeit, die Zeit, die uns ständig antreibt, schneller zu arbeiten, und die uns von einem Termin zum anderen hetzt. Das deutsche Wort »hetzen« kommt von »hassen«. Wer von einem Termin zum anderen hetzt, der hasst sich selbst. Die *chronos*-Zeit ist also eine Zeit des Selbsthasses, und wenn wir andere in die getaktete Zeit des *Chronos* hineinzwängen, dann ist es auch eine Zeit des Hasses auf die anderen.

Der negativen Zeit setzen die Griechen den Begriff *kairos* entgegen, die angenehme Zeit, von der auch Jesus immer spricht. Das Markusevangelium erzählt uns vom Beginn der Predigttätigkeit Jesu. Das erste Wort, das Jesus verkündet, lautet:

Die Zeit (kairos) ist erfüllt,
das Reich Gottes ist nahe.
Kehrt um und glaubt an das Evangelium.

MARKUS 1,15

Die angenehme Zeit ist die erfüllte Zeit, die Zeit, die nicht mit Terminen voll ist, sondern von Gottes Nähe. Es ist die Zeit, in der ich ganz gegenwärtig bin. Denn Gott ist immer der gegenwärtige Gott. Und es ist die Zeit, in der Gott herrscht und nicht der Mensch mit seinen Erwartungen und Ansprüchen. Dort, wo Gott in mir herrscht, bin ich frei von dem Druck der Menschen, bin ich frei von dem Druck, den ich mir selber mache. Aber es verlangt, dass ich umkehre, oder wie die Griechen sagen: umdenke (*metanoein*). Ich muss mit anderen Augen auf die Zeit schauen. Gleichzeitig ist kairos der rechte Augenblick.

Die Griechen stellen *kairos* als jungen Mann dar. Er geht auf Zehenspitzen oder steht auf Rädern und balanciert eine Waage auf einer Rasierklinge. Interessant ist sein Kopf. Auf der Stirn trägt er einen Haarschopf. Der Hinterkopf dagegen ist kahl. Mit dieser Darstellung wollten die Griechen zeigen: Man muss die Gelegenheit beim Schopfe packen. Der Augenblick ist flüchtig. Ist er vorbeigeeilt, kann man ihn nicht mehr einholen. Daher muss man dem *kairos* von vorne begegnen und ihn ergreifen, sobald er sich zeigt.

Ob wir die Zeit als *kairos* oder als *chronos* erleben, das hängt von uns und unserer Einstellung ab. Wenn ich ganz bei mir bin, ganz im Augenblick, dann ist die Zeit eine angenehme Zeit. Aber wenn ich mich ständig unter Druck setze, dieses oder jenes noch erledigen zu müssen, dann wird sie zur unangenehmen Zeit, die mich auffrisst. Wenn ich im Augenblick bin, dann lasse ich mich ganz auf die Arbeit, auf das Gespräch mit dem Mitarbeiter oder Kunden ein. Ich vermittle dem anderen, dass ich alle Zeit der Welt habe. Wenn ich dagegen immer schon auf die Uhr schaue, um den nächsten Termin nicht zu verpassen, dann wird das Gespräch hektisch. Ich bin nicht präsent. Und so spürt der andere nicht, dass ich ihm Zeit schenke. Er nimmt nur den Zeitdruck wahr, unter dem ich stehe.

Die Kunst, ganz gegenwärtig zu sein, achtsam zu sein, im Augenblick zu sein, ist die eine Bedingung, damit ich die Zeit als *kairos* erlebe.

Rituale sind kleine Auszeiten

Damit meine Zeit eine angenehme Zeit wird – *kairos* oder wie es im Lateinischen heißt: *occasio*, gute Gelegenheit, bequeme oder günstige Zeit –, braucht es heilsame Rituale. Rituale sind kleine Auszeiten, die eine heilige Zeit und einen heiligen Ort schaffen. Heilig ist für die Griechen das, was der Welt entzogen ist. Und für die Griechen vermag allein das Heilige zu heilen.

Wir sind ständig den Erwartungen anderer Menschen ausgesetzt. Die Familie hat Erwartungen an uns, die Firma, die Pfarrei, der Chef, die Kunden, die Gesellschaft. Wenn wir immer nur Erwartungen erfüllen müssen, haben wir den Eindruck, dass wir von außen gelebt werden. Das macht uns leicht bitter und hart. Da brauchen wir Rituale, die uns eine heilige Zeit schenken, eine Zeit, die uns selbst gehört, über die niemand sonst bestimmen kann. In dieser heiligen Zeit können wir aufatmen.

Wenn wir jeden Tag eine heilige Zeit haben, die uns gehört, die wir genießen können, in der wir uns frei fühlen, dann wird auch die übrige Zeit davon beeinflusst. Die heilige Zeit des Rituals verwandelt unsere Zeit von der *chronos*-Zeit in eine kairos-Zeit, in eine angenehme Zeit.

Die heilige Zeit gibt uns auch für die übrige Zeit ein anderes Gefühl. Wir werden dann nicht einfach nur funktionieren. Wir werden auch in der Zeit der Arbeit und der Erwartungen noch das Gefühl in uns haben, dass etwas Heiliges in uns ist, über das andere nicht verfügen können. So werden wir unsere innere Freiheit mitten im Trubel der Arbeit spüren.

Das griechische Wort für heilig ist *hagios*. Es wird im Deutschen zum Hag, zum Gehege, zu einem umzäunten und abgegrenzten Bezirk. Auch das deutsche Wort »behaglich« leitet sich davon ab. In der heiligen Zeit und am heiligen Ort fühle ich mich behaglich, da behagt es mir, da gefällt es mir. Da fühle ich mich geschützt und geborgen.

Die heilige Zeit ist immer auch eine geschenkte Zeit. Doch viele können mit diesem Geschenk nichts anfangen. Sie können die geschenkte Zeit nicht genießen. Sie stopfen sie zu mit allerhand Aktivitäten. Sie überfrachten die eigentlich freie Zeit mit zu vielen Unternehmungen.

Rituale rhythmisieren die Zeit. Sie geben ihr eine gute Struktur. Und diese äußere Struktur ordnet auch unsere Seele. Sie bringt Ordnung in unser Leben. Ein wichtiger Aspekt der Rituale ist dabei, dass sie eine Tür schließen und eine Tür öffnen.

Menschen, die sich dem Multitasking verschreiben, sind immer online. Sie sind immer im Dienst. Doch das tut ihrer Seele nicht gut. Vor allem sind sie dann nicht wirklich dort, wo sie gerade sind, sondern immer woanders.

Das ist vor allem am Abend häufig zu beobachten. Viele Menschen kommen von der Arbeit heim, sind aber mit dem Kopf noch dort. So sind sie zwar körperlich zu Hause, aber nicht seelisch, nicht mit ihrem Herzen. Die Kinder merken sofort, ob die Eltern die Tür der Arbeit geschlossen und die Tür der Familie geöffnet haben oder ob sie gedanklich noch in der Arbeit sind. Sie werden dann quengelig und fordern die ungeteilte Aufmerksamkeit der Eltern.

Wenn die Eltern jedoch die Tür der Arbeit geschlossen haben, sind die Kinder schnell zufrieden. Sie spüren, dass die Eltern ganz für sie da sind. Dann brauchen sie auch nicht mehr ständig ihre Nähe zur Bestätigung. Wer die Tür der Arbeit nicht durch ein Ritual schließt, der steht immer im Durchzug. Und der Durchzug tut weder seiner Seele noch seinem Leib gut. Wer im Durchzug steht, erkältet sich leicht. Er wird leichter krank. Es braucht ein Ritual, um die Tür zu schließen. Nur dann kann sich die Tür zu einem neuen Raum öffnen.

Menschen, die nicht abschalten können, die unfähig sind, im Augenblick zu sein, sind fahrig und unruhig, denn sie sind immer mit den Problemen der Arbeit beschäftigt, immer im Dienst. Sie erleben keine angenehme Zeit, in der sie sich Zeit lassen, in der sie die Zeit genießen, die ihnen geschenkt ist. Das führt zu einem Dauerstress. Objektiv gesehen arbeiten diese Menschen nicht mehr als die, die aus der Ruhe heraus arbeiten. Sie haben nur das Gefühl, ständig zu arbeiten. Und dieses Gefühl, diese permanente Anspannung erschöpft sie.

Viele Firmen haben allerdings auch den Anspruch an ihre Mitarbeiter, dass sie ständig erreichbar sein müssen. Diese können sich dann nicht in aller Ruhe auf ihr Leben in der Familie einlassen oder auf den Spaziergang oder auf das entspannte Lesen eines Buches. Ständig müssen sie mit einem Telefonanruf rechnen. Dieses Rund-um-die-Uhr-verfügbar-sein-Müssen ist auch eine Maßlosigkeit, die dem Wesen des Menschen widerspricht.

Auszeit vom Multitasking: bei einer Sache bleiben

Die Rituale wollen uns dazu befähigen, ganz im Augenblick zu bleiben. Die Tür des gerade Vergangenen wird geschlossen, damit die Tür der Gegenwart sich auftun kann. Wenn wir ganz im Augenblick sind, dann erleben wir die Zeit als kairos, als angenehme Zeit. Es ist nichts wichtiger als dieser eine Augenblick, in dem wir jetzt leben. Dann fühlen wir uns nicht unter Druck gesetzt. Wir sind einfach ganz gegenwärtig. Wir gehen auf in dem, was wir gerade tun.

Ein berühmter Zenmeister wurde einmal gefragt, was das Besondere des geistlichen Weges sei. Er antwortete: »Wenn ich sitze, dann sitze ich, wenn ich stehe, dann stehe ich, wenn ich gehe, dann gehe ich.« Da sagte der Fragende: »Das tue ich doch auch. Das ist doch nichts Besonderes.« Doch der Meister antwortete: »Nein, wenn du sitzt, dann stehst du schon, und wenn du stehst, dann gehst du schon. Und wenn du gehst, denkst du schon wieder an andere Dinge, an deine Arbeit oder ans Essen.«

Die Maßlosigkeit, dass wir alles zugleich wollen oder dass wir möglichst viel in unsere begrenzte Zeit hineinstopfen wollen, führt dazu, dass wir nicht im Augenblick sind, dass wir immer zerstreut sind. Doch so verliert unser Leben an Wert. Der einzelne Augenblick ist nichts wert, weil er immer schon von einem späteren überlagert wird. Wir können ihn gar nicht genießen, uns gar nicht auf ihn einlassen. Dadurch hindern wir uns am reinen Sein des Augenblicks und letztlich am wahren Leben. Denn Leben heißt: gegenwärtig sein, präsent sein, im Leben aufgehen.

Natürlich ist es sinnvoll, seinen Tag zu planen und nicht einfach so in ihn hineinzuleben. Wer das tut, der lebt nicht wirklich. Bewusst leben heißt: Ich überlege mir, was heute auf mich zukommt, und lasse mich auf jeden Augenblick neu ein. Manchmal habe ich am Morgen das Gefühl, ich hätte mir zu viele Termine für den Tag zugemutet. Doch dann denke ich: eins nach dem anderen. Ich versuche, ganz im Augenblick zu sein. Ich muss nicht die ganze Post noch nebenbei erledigen. Ich tue das, was ansteht. Oft mache ich dann die Erfahrung, dass die Termine nicht so lange dauern, wie ich geplant hatte. Weil ich ganz gegenwärtig war, konnten wir das Problem schneller lösen. Und auf einmal gibt es ruhige Zeiten zwischen den Terminen, ich kann den Tag in aller Ruhe genießen, und am Abend habe ich das Gefühl: Ja, ich habe alles geschafft, was anstand. Aber es war kein hektischer Tag. Ich bin trotz allem ruhig geblieben, in meiner Mitte geblieben.

Liebe Leserin und lieber Leser, am Ende dieses Büchleins stelle ich dir zwei Rituale vor, die dir helfen, mitten im Alltag kleine Auszeiten zu schaffen und deine Mitte wieder zu finden. Du kannst das Ritual, das dir am besten gefällt, über einen gewissen Zeitraum hinweg einüben oder du wechselst zwischen beiden Ritualen ab. Auf jeden Fall werden sie dir helfen, zur Ruhe zu kommen und das Getriebe und Gerenne zumindest für eine Weile hinter dir zu lassen.

Eine Blume betrachten

Nimm dir eine schöne Blume, um sie zu betrachten. Was siehst du? Du siehst Schönheit.

Platon, der griechische Philosoph, sagt, in der Schönheit sähe man letztlich immer Gottes Schönheit. Gott sei von seinem Wesen her Schönheit, Wahrheit und Güte. Alles Sein sei im Letzten wahr, schön und gut.

In der Schönheit der Blume entdeckst du demnach etwas von Gott. Gott hat die Blume geschaffen. Gottes Geist durchdringt die Blume und bringt sie zum Blühen. Und die Schönheit, die dir entgegenstrahlt, ist die Schönheit Gottes selbst. Im Betrachten der Blume geht dir Wesentliches über Gott selbst auf.

Die christliche Tradition hat die Blumen immer auch als Symbole gesehen, oft als Symbole für Heilige. Besonders gerne werden Blumen mit Maria, der Muttergottes, in Verbindung gebracht. Maria wird mit der Rose, der Lilie, der Osterglocke, der Margerite, der Akelei und dem Veilchen verglichen. Alle Blumen sagen etwas über das Wesen Marias aus.

Die Lilie verweist auf die Reinheit und Keuschheit, das Veilchen auf die Demut, die weiße Rose auf Maria als reine Magd, die rote Rose auf ihre Liebe. Die Schwertlilie steht für ihre Schmerzen. Beliebt war auf Mariendarstellungen auch die Akelei, die auch Liebfrauenhandschuh genannt wird. Sie war als Heilkraut der germanischen Muttergöttin Frija geweiht. Sie verweist auf das Heilende, das von Maria ausgeht. Das Maiglöckchen, das oft auf Marienbildern erscheint, ist ebenfalls eine Heilpflanze: Sie will ausdrücken, dass Maria das Heil der Welt geboren hat. Die rote Nelke steht für die wahre und reine Liebe, die Maria verkörpert. In der Lauretanischen Litanei wird Maria als »rosa mystica«, als »geheimnisvolle Rose« bezeichnet. Und im Mittelalter wird Maria gerne im Rosenhag dargestellt. Die Rose hat im Abendland eine ähnliche Bedeutung wie die Lotusblüte in Asien. In Griechenland ist sie die Blume der Aphrodite, der Liebesgöttin. Die Rose, die mit ihrem Duft die Menschen verzaubert, ist so ein Bild für die Liebe, die uns mit einem wunderbaren Duft erfüllt. In der Antike bekränzte man das Haupt mit Rosen, nicht nur aus Gründen der Schönheit, sondern auch aus medizinischen Gründen. Denn die Rose – so meinte man – wirke kühlend und gehirnstärkend.

Wo Maria unter Rosen sitzt oder selbst als Rose blüht, da vertreibt sie in uns den Winter seelischer Kälte und lässt unser Leben wie im Frühling neu erblühen. Im 12. Jahrhundert formuliert das ein frommer Dichter:

Da diese schöne Rose Maria zu blühen begann,
verging der Winter unserer Betrübnis
und es begann
der Sommer der ewigen Freuden zu kommen
und der Mai der ewigen Lust zu scheinen
und mit ihr ward uns wieder gegeben
das Grün des lustvollen Paradieses.

Wenn ich eine Blume betrachte, wenn ich eine Rose meditiere, so werden mir nicht all diese wunderbaren Gedanken in den Sinn kommen, die Mystiker und Dichter formuliert haben. Ich kann aber einfach nur die Assoziationen, Bilder und Erinnerungen hochkommen lassen, die in meiner Seele aufsteigen möchten.

Da ist vielleicht die Erinnerung an die einzigartige Rose, von der der »Kleine Prinz« spricht und die er nie vergisst, weil sie für ihn einzigartig ist. Oder da steigt das Lied von Maria in mir auf, die durch den Dornwald ging, um ihn in einen Rosengarten zu verwandeln: »Da haben die Dornen Rosen getragen.«

Meditieren heißt nicht nachdenken, sondern ein Bild in mich einzubilden, damit es all die Bilder in mir wachruft, die tief in meiner Seele bereitliegen. Diese Bilder in mir sind schöne Bilder, heilende Bilder, Bilder, die mich immer mehr mit dem einzigartigen und einmaligen Bild in Berührung bringen, das Gott sich von mir gemacht hat.

Ein Musikstück hören

Suche dir ein geeignetes Musikstück aus. Ich weiß nicht, was deine Vorlieben sind, ob du eher Musik von Johann Sebastian Bach oder Wolfgang Amadeus Mozart, Ludwig van Beethoven oder etwas ganz anderes magst. Entscheide dich für die Musik, die dir dein Herz vorschlägt. Und dann schließe die Augen und höre dich in die Musik hinein.

Lass dabei die Musik nicht nur in dein Ohr dringen, sondern in dein Herz, ja in deinen ganzen Leib. Stelle dir vor, wie die Musik deinen ganzen Leib durchdringt und ihn zum Schwingen und Klingen bringt. Dann erahnst du, was der Prophet Jesaja mit dem Wort meint.

Höre, so wird deine Seele leben!

JESAJA 55,3

Die Musik wird aus dir alle Angst und Verzweiflung, alle Dunkelheit und Traurigkeit vertreiben.

Es gibt ja durchaus auch Musik, die voller Melancholie ist. Wolfgang Amadeus Mozart hat immer wieder melancholische Melodien komponiert. Aber indem er die Melancholie hörbar macht, verwandelt er sie auch, er bleibt nicht darin gefangen.

Die Musik, die den Leib durchdringt, führt dich zu einer neuen Erfahrung deiner selbst. Oft erfährst du ja, dass dein Leib voller Spannungen ist und voller wirrer Gedanken. Wenn dein ganzer Leib aber von Musik erfüllt wird, dann beginnt er zu schwingen. Die Kirchenväter sagen, dass der Rhythmus der Musik die Seele rhythmisiert. Sie bringt sie in den Rhythmus hinein, der ihrem Wesen entspricht. Alles Leben ist immer auch Rhythmus. Wir sind oft genug aus dem Rhythmus geraten. Wir fühlen uns ausgebrannt. Die Musik lässt den Leib wieder in den ihm eigenen Rhythmus einschwingen.

Das bringt nicht nur den Leib zum Leben, sondern auch die Seele. Musik beflügelt die Seele. Das hat der Kirchenvater Johannes Chrysostomos wunderbar ausgedrückt:

Nichts erhebt die Seele auf ähnliche Weise, nichts beflügelt sie so, befreit sie vom Irdischen, löst sie von den Körperfesseln, gibt ihr Liebe zur Weis-

heit ein und lässt sie alle dem irdischen Sein gehörigen Dinge spöttisch missachten, wie der melodische Gesang.

Die Musik führt dazu, dass – so Augustinus – »das Volk nicht aus Überdruss an Trauer ermatte«. Johannes Chrysostomos ist überzeugt:

Die Seele erträgt
die Härten und Mühen leichter,
wenn sie eine Melodie singt
oder ihr nachlauscht.

Texte aus: Anselm Grün, Die Kunst, das rechte Maß zu finden